KB061184

삶은 배열하는 방향으로 움직인다

디지털 디톡스를 위한 작은 이야기

삶은 배열하는 방향으로 움직인다

1판 1쇄 2024년 2월 25일

지은이 민경은
펴낸이 이용훈

펴낸곳 작은돌
등록 제2014-000083호 (2014년 8월 28일)
주소 서울시 송파구 오금로44나길 5, 401호
전화 010-3244-4066
이메일 wisebook@naver.com
ISBN 979-11-953519-4-7   03190
종이 (주)월드페이퍼 인쇄·제본 (주)상지사P&B

삶은 배열하는 방향으로 움직인다

디지털 디톡스를 위한 작은 이야기

민경은 지음

작은돌

가방 속이든, 식탁 위든, 베개 옆이든

가까이에 두기를.

전철에서든, 카페에서든,

TV 앞 소파에서든

아무 데다 펼치기를.

어떤 말, 어떤 장면이라도 하나쯤은

당신의 마음을 두드릴 수 있기를.

언제나 새로운 아침을 맞기를.

차례

light

때로 우리는 어두운 동굴 같은 인생길을 걸어갈 때가 있다. 어디로 가야 할지 막막할 때 희망은 삶의 방향을 알려 주는 한 줄기 빛이다. 실수나 실패 없는 인생, 방황하지 않는 인생이 어디 있겠는가. 그럴 때 낙심에 빠지지 않고 내 마음을 비추는 한 줄기 희망을 찾아 일어서길 바란다.

버림역에서

지하철역 플랫폼에 사람들이 하나둘 들어온다. 정확히 말하면 사람 모양을 한 것들이다. '것들'이라 함은 하나의 단어로 규정하기에 애매한 존재들이기 때문이다. 모두 표정이 어둡다. 어떤 이는 눈물도 흘린다. 버려진 존재이기 때문이다.

　나 역시 주인에게 버려져 이 지하철역까지 왔다. 지하철역 이름은 '버림'역이고, 순환열차로 끝없이 달리고 있다. 나의 이름은 '김재천희망'이다. 김재천이란 사람에게 있던 희망인데 쫓겨나 여기에 오게 되었다. 나는 김재천에게 희망을 심어 주기 위해, 솔직히 말하면 버림받지 않기 위해 무던히도 노력했다. '괜찮을 거야.' '내일은 달라질 거야.' '인생은 끝까지 살아봐야 제맛이지' 등 온갖 말로 그를 위로했다. 그러나 그놈은 희망인 나를 버리고 한강에 투신했다. 그가 몸을 던졌을 때 나는 튕겨졌고, 이곳으로 올 수밖에 없었다.

　희망인 나도 한숨이 절로 나왔다. 나는 옆 의자에

앉아 있는 '것'에게 물었다.

"당신 이름은 무엇입니까?"

"나는 이지영낙담입니다. 그년은 희망을 붙잡고 나를 뻥 차 버렸지요."

나는 피식 웃었다.

"다행이군요. 내 주인 김재천은 반대의 선택을 했거든요."

그는 어두운 표정으로 말문을 닫았다.

"주인이 버려 이곳에 오게 되었지만, 곧 누군가에게 선택되어 그 사람의 희망으로 살게 되겠지요. 나는 희망이니까 계속 희망할 겁니다."

그는 한심하다는 듯 혀를 끌끌 찼다.

"준비도 안 되었는데 버려지고, 생각지도 않은 시간에 선택되는 이 반복이 짜증 안 나세요? 언제쯤 이 지겨운 반복이 끝날지…. 정말 짜증짜증짜증납니다. 왜 신은 우리를 이러한 존재로 만들었는지 따지고 싶어요. … 에구, 어? 저자는 자기연민이 아닌가? 저자가 여기에 오다니."

바닥만 보던 이지영낙담은 멀리서 오는 한 존재를 발견하고는 몸을 일으켰다.

"아는 존재예요?"

"저자의 주인은 자기연민 그 자체라고 할 정도였지요. 그 여자는 평생 자기연민과 살 줄 알았는데…."

이지영낙담은 그것에게 오라고 손짓했다.

"낙담씨가 여기 있는 걸 보니 당신 여자는 희망을 선택했나 보군요. 그 여자는 남편이 죽은 후 사망보험금으로 투자를 했지만 사기를 당하지 않았나요? 낙심이 가득해서 당신은 그녀와 오래 살 줄 알았는데…."

"거의 성공했었는데 그 여자의 아이들이 그녀에게 안길 때 그 여자에게 있던 희망이 안간힘을 쓰며 희망의 메시지를 주더군요. 그녀는 나를 버리고 희망을 선택했어요."

이지영낙담의 얼굴이 일그러졌다.

"나야말로 당신은 끝까지 그 여자와 함께 살 줄 알았어요. 어찌 된 일입니까?"

이지영낙담이 물었다.

"내 주인인 오사랑은 자기연민이 무척이나 강한 여자였지요. 그녀와 함께 있으면서 편하게 지냈어요. 내가 애쓸 필요도 없이 자기연민으로 똘똘 뭉쳐 있었지요. 쳇. 그런데 오사랑을 무척이나 사랑하던 한 남자 때문에 오사랑이 변하기 시작하더군요. 그러곤 내가 손쓸 새도 없이 나를 버리고 그 남자를 진심으로 사랑해 버렸지 뭐예요."

나는 피식 웃었다.

"아름다운 이야기네요. 자기만 사랑하던 사람이 남을 사랑하기 시작했다니…"

오사랑연민은 눈을 흘기며 말했다.

"내가 이 세상에서 가장 불쌍한 존재일 거예요. 그런데 웃다니요!"

"오, 미안요. 나는 김재천희망입니다. 희망이라 그러니 이해하세요."

열차가 플랫폼으로 천천히 들어왔다.

"다음 번 주인과는 오래오래 지냈으면 좋겠어요.

팅겨져서 버림역에 있는 건 정말 너무 괴로워요."

우리는 자리에 앉았다. 오래된 열차라 시트도 낡았고, 비어 있는 광고칸에는 조명만 깜박깜박했다. 사람에게 버림받은 감정들은 팔짱을 끼고, 혹은 창밖을 보며 새 주인을 맞이할 준비를 했다.

사람들은 감정을 선택한다. 오래 동행할 수도 있고, 갑자기 버릴 수도 있다. 전적으로 사람들의 선택에 우리의 삶이 결정된다. 버려져도 괜찮다. 사람은 많으니까. 그래, 나는 희망이니까 다시 힘을 내서 새로운 내 주인에게 희망을 부어 줄 것이다.

구름 여행

어느 날 눈을 떠보니 몸이 둥둥 떠 있었다.

"어라? 이게 무슨 일이지?"

나는 얼른 거울을 들여다보았다.

몽글한 한 덩이 구름이 나를 보고 있었다. 나는 구름이 되어 있었다.

처음엔 몹시 당황했지만 이상하게도 다시 사람이 되고 싶진 않았다.

'드디어 먹고사는 문제에서 해방되었어! 구름에겐 돈이 필요없겠지. 그동안 너무 열심히 살았어. 기왕 구름이 되었으니 맘껏 여행을 해야겠어.'

나는 집밖을 나와 구름이 있는 하늘까지 높이 올라갔다.

"쿵."

나는 다른 구름과 부딪쳤고 튕겨져 나갔다.

"아, 조심 좀 하시게."

어떤 구름이 말했다.

"헉! 구름이 말을 하네. 당신 사람이야 구름이야?"

나는 말하는 구름이 신기했다.

"그러는 댁은? 나는 술을 만땅 마시고 비틀거리며 걷는데 갑자기 몸이 변하더니 이렇게 되었소."

"나는 자고 일어나니 구름이 되었어요. 여기 있는 구름은 다 사람입니까?"

"진짜 구름도 있고, 사람구름도 있지. 섞여 있소."

사람구름은 일반 구름과 똑같이 생겼기에 말을 걸거나 부딪히지 않으면 구분하기가 어렵다. 사람구름은 성별이 없다. 나이도 모른다. 사람이었을 때의 기억을 간직한 그냥 말할 줄 아는 구름이다.

나는 아래를 내려다보았다. 비행기에서 보던 것과 다르지 않았다. 성냥갑 집들, 점처럼 보이는 사람들, 장난감 같은 자동차들이 이리저리 돌아다녔다.

"개미 떼들이 움직이는 것 같네. 어제까지만 해도 나 역시 저 무리 속에 섞여 지냈는데 지금은 여기에 있다니…. 구름이 되니 참 좋구나. 스트레스도 안 받고, 이렇게 돌아다닐 수 있으니 얼마나 행복한가."

하늘에서 본 땅과 바다는 아름다웠다. 빨강 분홍

노랑꽃들이 바람에 춤을 추었고, 파도 치는 바다 위 갈매기들도 평화로웠다. 하늘 수평선에서 바라보는 노을은 참으로 황홀했다. 다만 땅 가까이 내려갈 수 없어서 모든 것들이 조그맣게 보여 아쉬웠다.

나는 바람에 밀려 다른 구름 속으로 들어갔다.

"쿵!"

또 다른 사람구름과 부딪혔다. 진짜 구름은 통과되었지만 사람구름과는 부딪힌다. 구름이 부딪힐 때는 천둥소리가 난다. 그러면 대부분의 사람구름이 화를 낸다.

"앗, 미안합니다. 사람구름님."

나는 사람구름이 화내기 전에 얼른 사과했다.

"오랜만에 사람구름을 만나는군. 지루하던 참에 잘되었어. 사람이었을 땐 너무나 바빠서 지루할 틈도 없었지. 구름이 되어서야 지루함이 뭔지 알게 되었지 뭐요. 당신은 어디를 돌아다녔소?"

그 사람구름이 물었다.

"산과 바다를 보고 아름다운 꽃들도 보았습니다. 세상이 이렇게 아름다운지 정말 몰랐네요."

나는 말했다.

"신참이로구만. 그것도 오래 보면 무덤덤해질 거요. 뭐 자극적인 장면 본 거 있음 이야기해 보게."

"자극적인 장면이요? 글쎄요…"

"세상에 남녀들이 넘쳐나는데 그걸 못 봤단 말이요? 넓은 들판 구석으로 잘 살펴 보면 몇 명은 보일 게요."

나는 피식 웃었다.

"사람구름님은 사람이었을 땐 무엇을 하셨습니까? 왜 사람구름이 되었나요?"

"난 성실히 직장생활을 했지. 요즘 같은 세상에 20년 근속을 했다오. 난 꿈이 있었어. 힘든 직장생활을 마치고 나면 자유롭게 여행을 다니면서 사진을 찍고 싶었지. 그런데 아버지가 치매에 걸리면서 그 꿈이 다 깨졌어."

"아버지 치매가 심했나요?"

"식구들이 모든 짐을 나에게 떠넘기고 모른 척하더군. 내가 독신이라는 이유로 아버지 간호를 도맡았어."

"효자셨네요."

"아우. 난 그 효자 소리가 제일 싫어. 지금도 그렇소. 아버지를 처음 모실 땐 참을 만했지. 아버지를 잘 모시리라 다짐도 했고. 그런데 시간이 지나니 괴롭더군. 내 삶은 없고 간호인의 삶만 남았지. 그러다 어느날 이렇게 사람구름이 되었다네."

"지금은 편안하신가요?"

"음. 아무 걱정이 없으니 좋아."

"아버지가 어떻게 되었는지 궁금하진 않으세요?"

"처음엔 걱정이 되어 집 근처에 가보기도 했지. 그런데 너무 멀어 사람들이 무얼 하는지 모르겠어. 지금은, 구름이 된 이상 내 일은 아니라고 생각한다오. 아무것도 할 수 없는 처지이지 않은가. 남은 사람들이 알아서 하겠지."

사람구름은 담담히 말했다.

그때 새로운 사람구름이 다가왔다.

"워워~ 사람구름 다섯 이상은 모이지 말게. 잘못하여 먹구름이 되면 안 되니 말이야."

사람구름이 피해야 할 것이 하나 있다. 바로 먹구름이다. 먹구름 속으로 빨려가 비가 되면 다시 사람이 된다고 했다. 그래서 사람구름은 구름들이 모여 있는 곳은 피하고 바람을 타고 맑은 하늘을 찾아다녔다.

"어제 비가 되어 땅으로 떨어지는 사람구름을 보았어. 그 구름이 돌아가지 않겠다고 소리를 질러서 얼마나 무서웠는지 몰라. 너무 불쌍하더라구."

사람구름이 말했다.

"우리는 눈치가 빨라야 해. 그래야 계속 사람구름으로 살 수 있지."

사람구름으로 사는 것도 쉽지 않았다.

나는 여기저기 맑은 하늘을 돌아다녔다. 가을엔

맑고 화창한 날이 많아서 긴장하지 않아도 되었기에 편한 마음으로 돌아다녔다.

'심심하네….'

내 시선이 사람들이 모여 있는 땅으로 떨어졌다. 처음엔 한 번만 그러더니 점점 땅을 보는 횟수가 늘었다. 인간이었을 때 만난 사람들의 근황이 궁금했다. 친구 소희는? 민식이는? 편의점 알바 희성이는? … 내가 살던 동네 위를 한참 떠 있기도 했다. 그러나 위에선 누가 누구인지 알 수 없었다. 나는 사람들이 보고 싶을 때면 히말라야 같은 높은 산을 찾았다. 간혹 산정상을 정복하러 오는 산악인들을 가까이에서 볼 수 있었다. 그들이 온힘을 다해 산을 오르는 모습은 경이롭기까지 했다. 힘들게 올라가 정상에 서서 함박웃음을 짓는 모습을 보면 덩달아 기분이 좋아졌다.

'감동이네. 감동이야. 기어코 산을 정복하다니 대단해.'

나는 정복자 주위를 한 바퀴 빙 돌았다. 그러나

곧 시선이 산 아래로 향했다. 정복에 실패하고 산 아래에 묻힌 산악인. 눈과 함께 영혼이 묻혀 버린 그들을 생각했다.

'그들은 열심히 올라갔지만 정복자가 되진 못했구나.'

슬픔이 몰려왔다. 오랫동안 그들을 보았다.

'그래도 그들은 용감한 사람들이다. 목숨을 걸고 도전했고 장렬히 불타올랐다.'

나는 사람일 때 목숨을 걸 만한 일을 했었던가. 왜 매일 힘들어만 했을까? 정복하지 못한 저 사람들, 그래도 행복했겠지?

나는 산에 걸쳐 있다가 높은 하늘로 올라왔다.

"어이. 내 어제부터 당신을 유심히 봤지. 왜 자꾸 사람에게 다가가는 거요?"

사람구름이었다.

"심심해서요. 사람들 구경하는 거 재밌잖아요."

"인간이 그리우면 다시 사람이 되면 되지. 왜 구름 주제에 사람 주위를 빙빙 도는게요? 당신 몹시 거슬려."

　그 사람구름은 유유히 다른 곳으로 가 버렸다.

　다시 사람이 되라고? 다시 그 삶으로 돌아가고 싶
지 않았다. 즐거움보다는 고통이 더 많았다. 겨우 고
통 없이 살게 되었는데 다시 인간으로 돌아가라고?

　고통은 인간의 숙명이다. 나는 그렇게 생각한다.
누구는 고통을 잘 견디고, 누구는 미꾸라지처럼 빠
져나가고, 누구는 고통을 스스로 짊어지고 산다. 고
통을 잘 다루었다면 나는 사람구름이 되지 않았을
지도 모른다.

　사람구름은 고통을 잘 다루지 못해 상한 사람들
이다. 사람이었을 때의 나는 착하고 마음이 약해 고
통의 짐을 짊어지기만 했지 나누어 주지 못했다. 몸
속에 들어온 모래를 내뱉지 못해 고통하는 조개처
럼, 그렇게 고통을 뱉지 못해 괴로워하다 이제는 사
람도 구름도 아닌 어정쩡한 상태로 살고 있다. 고통
을 나누는 법을 배웠으면 나는 어떻게 되었을까?

나는 인간의 감정과 기억은 갖고 있지만 더 이상 인간이 아니다. 하지만 순전한 구름도 아니다. 인간도 구름도 아닌 불분명한 존재. 어정쩡한 사람이었던 것처럼 지금도 나는 어정쩡한 구름으로 사람 곁을 맴돌고 있다.

　비행기가 지나갔다. 비행기 창문 사이로 사람들이 보인다. 식사를 한다. 냅킨을 건네고, 아이에게 음식을 먹이고, 승무원에게 무언가를 요청한다.
　"쿵."
　사람구름과 부딪혔다.
　"미안합니다."
　자동으로 나온다.
　"아닙니다. 나도 미안합니다. 오랜만에 사람들을 보네요. 비행기가 오는 걸 보고 일부러 왔습니다. 요

즘은 사람들이 그립거든요."

"지금까지 만난 사람구름들은 인간

을 증오했는데 사람구름님은 다르시군요."

나는 반가워 소리쳤다.

"오래 사람구름으로 살다 보니 그렇습니다."

"사람구름님도 인간이었을 때 많이 힘드셨지요?"

"네. 사람구름들은 모두 힘든 사연이 있지요. 그

래서 이름도 나이도 다 잊고 사연만 남았는지 몰라

요. 나는 이번엔 사람이 되려고 준비하고 있습니다."

처음이었다. 다시 사람이 되겠다는 구름은.

"사람이 되시려구요? 힘들지 않겠어요?"

"힘들겠죠. 오래 구름으로 살다 보니 이렇게 지낼 수만은 없다는 생각이 들더군요. 사람들이 그립기도 하고. 생각이 많이 정리되었어요."

"용기가 부럽습니다. 저는 아직 사람이 되고 싶진 않거든요."

나는 말했다.

"이해합니다. 사람구름님도 조금 더 쉬었다가 용기를 내세요. 사람으로 사는 건 꽤 멋진 일이라고 생각해요. 나도 과거를 찬찬히 복기해 보니, 도와 주려는 사람들이 곁에 있었어요. 그런데 그게 기분이 나쁘거나 도움이 안 된다고 생각하거나 한방에 해결하고 싶어서 문제를 꼬이게 했더라구요. 두려워하지 말고 용기를 내세요. 문제를 크게 생각하지 않으면 됩니다. 부정적인 것은 작게, 긍정적인 것은 크게 생각하면 문제를 이길 길이 보일 거예요."

"사람구름님, 기억할게요. 두 번째 인간으로 살 때는 좀더 행복하시길 바랍니다."

사람구름을 떠나보내고 나는 하늘을 떠다니며 많이 생각했다. 나는 아직 사람으로 살고 싶진 않지만 사람구름으로서의 삶은 멋지게 살아보고 싶었다. 사람이었을 때 꿈이었던 여행을 해보고 싶었다. 태평양을 건너 남미 대륙으로 가보고 싶었다. 고산지대에 가면 도시인과는 다른 인생을 사는 사람들을 만날 것이다. 그들이 사는 모습을 보고 싶었다. 태풍이 큰 난관이었다. 가을이지만 남쪽 바다는 뜨거워서 태풍의 위협이 도사리고 있었다. 나는 함께 여행할 사람구름을 구하기로 했다.

"나는 바다 건너 남미 대륙으로 가는 사람구름입니다. 혹시 같이 여행하실 구름 있나요?"

나는 구름이 있는 곳으로 가서 소리를 쳤다.

"나는 남미 대륙으로 가는 사람구름입니다. 같이 여행하실 구름 있나요?"

아무 대답이 없었다. 나는 다시 또 다른 구름이 있는 곳으로 가서 소리쳤다.

"나와 같이 갑시다."

사람구름 하나가 다가왔다.

"다행입니다. 같이 갈 구름님이 있어서요."

나는 안도의 숨을 쉬었다.

"나도 다른 대륙으로 가보고 싶었는데. 마침 같이 갈 분이 생겨서 잘됐습니다. 서로 힘을 합하면 바다를 잘 건널 수 있겠지요."

사람구름이 된 후 처음으로 행복한 기분을 느꼈다.

"이제 출발할까요?"

두 사람구름은 바다를 향해 나아갔다.

벽

어느 날 나는 낯선 길에 들어섰다. 오랫동안 다니던 길에서 벗어나 처음 본 풍경이었다. 주위엔 아무도 없었다. 키 큰 나무들과 그 나무들 사이에서 우후죽순으로 자라는 풀들만 보였다. 처음에는 너무 조용해서 어색했지만 점차 안개 같은 것이 다가와 나를 감싸기 시작했다.

　안개는 점점 원을 그리며 커졌다. 길을 걷느라 지친 나는 길바닥에 앉았다. 나는 그 원을 만져 보았다. 차갑지만 아늑한 느낌을 주는 신비한 원이었다. 나는 낯선 아늑함에 마음이 편해졌다.

　"너는 혼자야. 원래 네 편은 아무도 없었어. 여기, 내가 같이 있어 줄게."

　그 원이 속삭이는 것 같았다.

　"그래, 너무 힘들다. 이젠 편해지고 싶어."

　나는 나뭇가지들을 모아 주위에 벽을 쌓기 시작했다. 돌멩이와 돌덩이도 가져왔다. 하나둘 벽이 올라갈 때마다 나를 둘러싼 원형의 공기도 커졌다.

"아무도 들어오지 못하게 사방으로 벽을 쌓으렴. 아무도 너를 볼 수 없도록 말이야."

원이 속삭였다.

"당신, 거기서 뭐하는 거요?"

길을 지나가던 나그네가 물었지만 나는 그를 노려보기만 했다. 그는 당황해하며 나를 지나갔다.

"이곳은 나만의 공간, 아무도 간섭할 수 없는 오직 나만의 것이야."

머리가 보일 듯 말 듯 할 정도로 벽을 쌓았을 때 밖에서 소리가 들렸다.

"어이, 거기 오래 있으면 틱틱. 어서 홍홍."

밖에서 나는 소리는 벽을 치고 굴절되어 뭐라고 하는지 알 수 없었다.

나는 벽에다 귀를 댔다.

"거기서 시간 댕댕 꿀꿀? 넌 계속 틱틱 홍홍."

사람들이 무슨 말을 하는지 잘 들리지 않았다.

"너! 언제까지 벽만 쌓을 건데?"

벽을 뚫고 한 줄기 분명한 문장이 들어왔다.

나는 귀를 막았다.

"너희가 뭘 알아? 나를 알기나 해?"

나무도 꽃도 다람쥐도 다 회색으로 변했다. 모든
컬러가 사라지고 흑백의 세계가 펼쳐졌다. 나는 벽
을 더 쌓아올렸다. 이윽고 키를 넘은 벽은 하늘 높
이 올라갔다. 드디어 아무도 들어오지 못하는 나만
의 성을 갖게 되었다. 웅얼거리던 사람들의 소리가
더 이상 들리지 않았다.

"너무 조용해서 좋다."

나는 미소 지었다.

나를 감싼 원은 자장가를 불렀고 나는 오랜만에
깊이 잠이 들었다. 그런데 어느 날부터 원은 나를 이
곳저곳 툭툭 쳐 한숨도 못 자게 했다. 어느 날은 깊
은 잠으로, 어느 날은 불면의 날로 원은 나를 지배
해 갔다.

시간이 얼마나 지났는지 모르겠다. 머리는 덥수룩
하게 자랐고, 아무런 생각도 할 수 없었다.

"원아, 제발 나를 내버려 둬."

나는 너무 피곤했다. 원은 발부터 머리까지 휘감고 지나가고 휘감고 지나갔다.

이제는 벽에서 나가고 싶었다. 앉아서 흐느끼고 있는데 하늘에서 흑백의 한 송이 작은 꽃이 바람을 타고 벽 안에 내려앉았다.

나는 흑백의 꽃을 들어 자세히 들여다보았다. 오랜만에 보는 꽃이었다. 코로 가까이 가져가니 달콤한 향기가 느껴졌다.

'그래, 벽 밖에는 꽃이 있었지.'

나는 하늘을 올려다보았다. 또 다른 꽃이 하늘에서 내려왔다. 향기를 맡자 흑백의 꽃이 조금씩 오렌지색으로 변하기 시작했다. 또 다른 흑백의 꽃이 하늘에서 내려왔다. 그러자 원이 꽃들을 쳐냈다. 나는 화가 나 원을 밀쳐버렸다.

"왜 꽃을 못 보게 하는 거야?"

다시 꽃들의 향기를 맡으니 색이 보이기 시작했다. 노란색, 주황색 꽃들이 하늘에서 내려왔다.

"꽃을 보지 마. 나만 보라구!"

원의 방해는 심해졌지만 나는 꽃들이 보고 싶어 원을 밀쳤다. 내가 밀쳐낼수록 원은 점점 작아졌다. 나는 꽃들을 모아 다발을 만들었다. 바깥세상에서는 무심히 지나쳤던 것들인데, 이토록 어여쁠 수가 없었다.

종이비행기 하나가 내려왔다. 종이비행기를 펴 보았다.

「너를 기다리고 있어. 너를 응원해.」

눈물이 났다.

"밖에는 예쁜 것들이 많았지…. 그런데 위험하지 않을까?"

나는 위를 올려보았다. 하늘에서 꽃이 내려왔다. 빨강, 노랑, 파랑의 꽃들이 눈처럼 내려왔다. 더 많이 향기를 맡고 싶었다. 바람을 가르며 들판을 뛰던 기억이 났다. 나무 아래에서 다정하게 친구와 이야기하던 기억도.

"그래, 벽을 부수자."

나는 손으로 벽을 밀었다. 꿈쩍도 안했다. 다시 벽을 밀었다. 아무 일도 일어나지 않았다.

"여기서 나가는 건 불가능한가?"

나는 하늘을 올려다보았다. 하늘에서 꽃잎이 눈처럼 내려왔다. 다른 종이비행기에는 이런 말이 써 있었다.

「너를 기다리고 있어. 내가 네 곁에 있을게.」

용기가 솟구쳤다.

"나갈 거야! 돌아갈 거야!"

나는 힘껏 발로 벽을 찼다.

벽이 조금씩 무너졌다.

"누군가 있다면 도와 주세요. 같이 벽을 무너뜨려 주세요!"

나는 소리쳤다. 바깥에서 누군가가 벽과 나뭇가지를 같이 무너뜨려 주었다. 드디어 벽은 모두 무너졌다. 아름다운 꽃과 나무들 그리고 사람들이 나를 맞이했다.

"너를 기다렸어. 환영해. 사랑해!"

모두가 박수를 치며 나를 맞이했다.

바깥세상이 환호하는 듯했다.

하늘에서 꽃눈이 내렸다.

괴나무

"딩동." "딩동."

안전문자 소리가 요란하게 울렸다. 버스에 타고 있던 사람들은 무슨 일인가 싶어 휴대폰을 들고 문자를 확인했다.

[광화문 사거리에 괴나무 출연. 광화문에 차량 및 통행을 금지하오니 우회하시기 바랍니다.]

괴나무라니? 버스기사가 전화를 받더니 곧 승객에게 외쳤다.

"손님 여러분, 아침에 이상한 괴나무가 출현했다고 합니다. 이 버스는 서울역까지 운행하고 우회할 예정입니다. 광화문이 통행 불가능하다고 하네요."

버스기사는 라디오를 틀었다.

"오늘 새벽 광화문에 폭 50미터, 높이 100미터인 거대한 나무가 갑자기 나타났습니다…"

뉴스에 의하면, 광화문 사거리에 갑자기 괴나무가

나타났다고 한다. 그 나무는 한 시간에 1미터씩 커지고 있다고 했다. 처음엔 도로만 점령하던 것이 이젠 교보빌딩을 무너뜨릴 것 같다고 했다. 동영상을 보니 잎도 없이 나뭇가지만 무성한 거대한 나무가 원래 그곳에 있었던 것처럼 서 있었다. 곧바로 중앙재난안전상황실에서 브리핑이 이어졌다.

"오늘 새벽 괴나무가 출현했습니다. cctv로 확인해보니 나무가 아스팔트를 뚫고 자라 지금은 100미터가 되었습니다. 정부는 과학자 및 산림전문가를 소집해 대책을 마련하고 있습니다. 나무가 자라는 속도는 늦춰졌지만 근처 빌딩을 무너뜨릴 위험이 있습니다. 정부는 차량을 통제하고, 대피령을 내렸습니다. 속히 이 일을 해결하기 위해 최선을 다하겠습니다."

나는 광화문 근처까지 걸어갔다. 광화문사거리에 직장이 있지만 출근을 할 수도 없고 집으로 갈 수도 없는 애매한 상황이었다. 직원 카톡방엔 추측성 글만 난무했다. 위에서 어떤 지시도 내려오지 않았다.

나는 일단 걸어가 보기로 했다. 괴나무는 화면에서 보던 것보다 어마어마하게 커 입이 딱 벌어졌다. 전기톱으로 나무를 베려 했지만 나무 안으로 톱이 들어가지 않는다고 했다. 학자들이 샘플을 채취해 연구소로 가져갔다고도 했다.

"이상 기후로 발생한 현상도 아니고, 생태학적으로도 맞지 않아 모두들 당황하고 있습니다."

뉴스에서 특별재난방송이 계속 흘러나왔다. 그런데 전세계 도시에 이런 일이 똑같이 생겼다고 한다. 뉴욕, 시드니, 베이징에 괴나무가 서 있는 모습이 방송에 흘러나왔다. 오후가 되었지만 아무도 해결방안을 내놓지 못했다. 나무는 어느 때는 조금 커지고, 어느 때는 빠른 속도로 커졌다. 규칙을 찾기 어렵다고 했다. 결국 나무는 근처 교보빌딩과 현대해상을 비롯 조선일보와 동아일보 빌딩까지 무너뜨리고 말았다. 마치 종말의 서막을 알리듯 나무는 점점 커졌다.

휴대폰에 속보가 떴다.

〈나무의 자양분〉이라는 기사였다.

광화문사거리에 있는 괴나무는 일반 나무와 다른 행태를 보인다고 했다. 나무는 햇빛과 흙 속 영양분을 먹고 성장하는데 괴나무는 이것 외에도 사람의 감정에 민감하다고 했다. 물이 긍정의 말 부정의 말에 따라 육각수 같은 결정이 아름다운 물이 되기도 하고 찌그러지고 변질된 결정체가 되기도 하듯, 괴나무도 긍정의 말을 들으면 줄어들고, 비난하는 말을 들으면 커진다고 했다.

사람들은 속보를 보고 '어이없다' '과학시대에 말이 되냐' '엉터리다'라는 반응을 보였다. 반면 '뭐라도 해봐야 하는 것 아니냐' '시험 삼아 해보자' 등의 의견도 많았다.

먼저 과학자들이 나무 앞에서 부정적인 말을 쏟아냈다. "너 따위가" "못생긴 게" "재수없다"를 비롯해 쌍욕도 쏟아냈다. 나무는 점점 커졌다. 이번엔 반대로 "고맙다" "칭찬한다" "네가 최고다" 등의 긍정적인 말을 쏟아냈다. 나무가 조금씩 작아졌다. 가장 효과가 큰 건 사이가 틀어진 사람들이 서로 화해하는 것이었다. 긍정의 말의 100배나 좋은 효과가 났다.

그런데 화해가 쉽지 않았다. 감정에 예민한 나무이기에 진정한 화해와 용서만이 효과가 있었다.

정부는 일단 나무 크기를 줄여야 한다고 국민을 설득했다. 사람들이 조를 짜서 계속 긍정의 말을 하고는 있지만 줄어드는 속도가 너무 느렸다. 누가 조금이라도 부정적인 말이나 화를 내면 나무는 도로 커졌다. 나무는 점점 커져서 광화문을 지나 남대문까지 확장하였다.

방송에서는 화해해야 하는 사람들은 광화문에 나와서 나무에 손을 대고 화해를 하라고 했다. 원수 같은 사람이어도 용서하고 화해하라고 했다. 먼저 괴나무가 있는 광화문과 남대문 일대 사람들이 나왔다. 그들은 줄을 서서 나무에 손을 대고 눈물을 흘리며 서로 미안하다고, 잘못했다고 말했다.

나무가 작아지자 사람들은 환호했다. 그리고 사람들은 전화로, 메시지로 다른 사람들을 독려했다. 사람들이 광화문으로 몰려왔지만 대부분 SNS에 올릴 동영상을 촬영하기에 급급했다.

대통령은 울면서 나무 앞에서 화해하고 용서해 달라고 호소했다. 근처에 사는 아이들이 나와서 "미안해. 네가 미워서 말도 안하고 다른 친구들하고만 놀았어. 이제 사이좋게 지내자" 했다. 어른들은 "당신이 잘나가는 게 샘나고 미워서 뒷담화했어." "당신에게 함부로 말해서 미안해. 앞으론 조심할게" 했다.

훈훈한 광경이 텔레비전과 SNS를 타고 이어졌다. 이들을 칭송하는 짤도, 동영상도 급속도로 만들어졌다. 그러나 줄어드는 듯했던 나무는 다시 커졌다. 영상을 통해 감동받은 사람들이 상대에게 전화해서 "당신이 사과하면 받아줄게" 하고 이야기해서 오히려 더 큰 싸움이 났기 때문이다.

유튜버 '쿨'이 셀카를 찍으며 나무 앞에서 "유튜버 '찐드기'가 꼴보기 싫어 고양이 학대 의혹을 부풀렸습니다. 일부는 사실이 아닙니다. 증거도 살짝 조작했습니다. 찐드기 님 용서해 주세요" 하고 고백했다.

그 영상을 본 유튜버 '찐드기'의 팬들이 분노하며 절대 용서하지 말라고 '찐드기'를 압박했다. '고양이 학대 사건'이 누구 소행인지 몰랐던 사람들은 유튜버 '쿨과 찐드기'를 욕했다. 나무가 점점 커지며 남대문을 지나 서울역까지 팽창했다.

SNS에선 여당과 야당이 화해하라는 주문이 올라왔다. 매일같이 싸움박질하고 미워했으니 그들이 서로 화해하면 크기가 많이 줄 것이라는 논리였다. 급박한 상황에 국민들이 보고 있으니 이들이 가만있을 순 없었다.

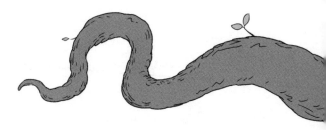

"이 기회에 우리 당이 국민을 위하는 모습을 보여주어야 합니다."

각 당이 똑같이 이야기했다.

각 당의 대표가 나무 아래 섰다.

"저 당이 이래저래 우리 당을 모함했지만 용서합니다."

"저 당이 그동안 우리 당을 모함했지만 용서합니다."

"이 사태가 온 건 우리 모두의 책임이 큽니다. 그러나 거대 여당에게 가장 큰 책임이 있습니다. 책임지고 모두 사퇴하기 바랍니다."

발끈한 여당이 사과를 요구하며 나무 앞에서 기자회견을 했다. 사과하지 않으면 문제 삼겠다고도 했다.

사람들은 혀를 끌끌 찼다. SNS에서는 서로 상대 당이 잘못했다는 성토대회가 이어졌다. 짤과 동영상이 급속도로 만들어져 퍼졌다. 괴나무는 점점 커져 서울을 집어삼켰다. 이젠 나무가 크든 말든 사람들은 아랑곳하지 않고 상대를 비난하며 싸웠다.

이렇게 지구는 괴나무가 접수했다.

change

변화하고 싶다면 반복하라. 어떤 것이든 한 가지만 반복하라. 어제 실패했더라도 오늘 다시 실행하라. '오늘은 어제가 아니다.' 그 이상의 생각은 하지 말라.

언제 떠나야 하는가

선생님, 제 얘기 좀 들어 보세요.

대답 좀 해주세요.

나는 양철로 된 과자통에 돈을 모으고 있어요.

오늘도 12,000원을 넣었어요.

이 과자통엔 356만 7천 원이 들어 있어요.

돈을 넣을 때마다 기록하기 때문에 정확해요.

5백만 원이 모이면 떠날 거예요.

이 지긋지긋한 집구석,

다시 돌아오지 않을 거예요.

이 지긋지긋한 집구석.

통장에서 돈을 떼내는 게 쉽진 않아요.

생활비도 늘 빠듯하거든요.

안 먹고, 안 사고, 안 다니고 하면서

그날그날 아꼈다고 생각하는 돈을 현금으로 찾아 과자통에 넣어요.

매일 돈을 만져 봐야 정말 돈이 모인다는 현실감이 생기거든요.

이렇게 알뜰하게, 비루하게 차곡차곡 356만 7천 원을 모으는 데 3년 걸렸어요.

돈을 넣고 난 후에는 둥근 과자통을 알라딘의 램프처럼 문지르며 주문을 외워요.

"이제 곧 떠날 거야, 새 인생을 살 거야, 이제 곧 떠날 거야, 새 인생을…"

선생님, 이제 어떡해요.

과자통이 사라졌어요.

아무리 찾아도 없어요.

혹시 내가 늘 두던 곳이 아닌 다른 곳에 옮겨 놓았나도 생각했지만, 아니에요.

설사 옮겼다 해도 이렇게 샅샅이 뒤지는데 안 보일 리가 없어요.

누가 손을 댄 거예요.

어제, 바로 어제, 5백만 원을 채웠거든요.

이제 들고 나가기만 하면 되는데 사라졌어요.

내가 떠나려고 가방을 꾸리고 있는 사이에

누군가 과자통을 찾아내 들고 가 버렸어요.

거기 돈이 있다는 걸 안 누군가가.

늘 이런 식이에요.

나는 떠나기 위해 돈을 모으지만, 번번이 그걸 빼앗겨요.

아빠에게, 엄마에게, 언니에게, 동생에게, 애인에게, 친구에게, 이웃에게….

그런데 어쩌면 빼앗긴 게 아니라 내가 줬는지도 모르겠어요.

왜냐구요?

… 떠나기가 두려워서요.

나는 늘 지겨워하며 떠나기를 원하지만

정작 익숙한 이 자리를 벗어날 용기가 없는 건 아닐까요, 선생님.

그래서 핑곗거리를 끌어다 대는 건 아닐까요.

떠나기 전에 이 일을 먼저 해야 한다고

그래야 홀가분하게 떠날 수 있다고

돈을 다시 모아야 한다고

새 출발에는 자금이 필요하다고

그러니까 지금은 아니라고

돈을 모을 시간이 더 필요하다고

사실은 손 안에 아무것도 없는 지금이야말로

홀가분하게 떠날 수 있는 순간인데,

　나는 또 핑계를 대고 있는 건 아닐까요.

　선생님, 말씀해 주세요.

　언제 떠나야 하는 건가요.

　든든하게 손에 쥔 것이 있어야 마침내 떠날 수 있
는 건가요.

　두 손 탈탈 털어 아무것도 없는 지금 떠나야 하는
건 아닌가요.

　언제 떠나야 하나요, 선생님?

비법

한 청년이 길 한가운데 털썩 주저앉아 있었다.

지나던 노인이 물었다.

"왜 그렇게 앉아 있나."

청년이 대답했다.

"기운이 빠져서 그렇습니다. 움직일 수가 없어요."

"저런, 어쩌다가 이리 됐나?"

"지금까지 숨차게 달렸는데 더 이상 뛸 힘을 잃었습니다."

"왜, 무슨 일이 있었는데 그러나?"

"난 항상 2등밖에 못 하니까요. 늘 1등을 하는 선수가 있는데 난 죽을힘을 다해 뛰어도 그를 이길 수가 없어요. 오늘도 졌습니다. 이제 더 이상 뛸 힘도 없고, 뛰고 싶은 의욕도 없어요."

"그거 안됐군." 노인이 딱하다는 듯 말했다. "만약 자네가 그 1등 하는 선수를 이길 수만 있으면 계속 달릴 힘이 나겠는가?"

"어떻게 해도 그를 이길 순 없을 거예요."

청년의 입가에 냉소가 번졌다.

"내 보기에 자네는 아주 멋진 선수가 될 자질이 있는 것 같은데 여기서 포기하는 건 너무 아깝지. 마지막으로 한 번만 더 용기를 내서 도전해보지 않겠나. 만약 그렇게 하겠다면 내가 도와주겠네."

"어떻게요?"

청년이 어이없다는 듯 노인을 올려다보았다.

"나는 그 1등을 이기는 비법을 알고 있거든. 어떤가. 내 말대로 한번 해볼 텐가?"

"놀리지 마세요. 그런 비법이 어디 있습니까? 이젠 다 틀렸어요."

"앞으로 더이상 뛰지 않을 생각이라면, 한 번 더 뛰고 그만둔다고 손해날 것 있나. 밑져 봐야 본전이지. 안 그런가."

잠시 말없이 있던 청년이 말했다.

"해보죠. 지금 달리 할 것도 없으니까요. 도대체 그 비법이란 게 뭔가요?"

노인이 말한 비법은 아주 간단했다.

"다른 어떤 것도 생각하지 말고 오로지 그 1등을 따라잡는 상상을 하며 달리게. 절대 다른 생각은 하지 말게."

"그게 다입니까?"

"그게 다야. 내 말을 믿게!"

청년은 노인의 말대로 그 1등을 멋지게 따라잡는 상상을 하며 매일 열심히 달렸다.

드디어 시합 날이 왔다.

출발 신호와 함께 청년은 힘껏 내달렸다.

여느 때처럼 익숙한 그 1등의 뒷모습이 바로 눈앞에서 달리고 있었다.

그리고 어느 순간, 익숙한 그 1등의 뒷모습이 청년의 뒤쪽으로 밀려났다.

청년이 마침내 그 1등을 따라잡은 것이다.

"만세!"

청년은 1등 트로피를 들어 올릴 생각에 한껏 부푼 가슴을 더욱 앞으로 내밀고 마지막까지 죽을힘을 다해 달렸다.

그러나 결승선을 밟는 순간 청년은 알았다.

자기보다 먼저 결승선을 넘은 선수가 있었다는 것을.

이전의 그 1등을 따라잡았지만, 이번엔 그가 아닌 다른 선수가 1등을 차지했다는 것을.

자신이 익숙한 그 1등의 뒷모습을 좇는 동안 새로운 1등이 탄생했다는 것을.

노인이 말했다.

"나는 자네와의 약속을 지켰네. 그런데도 자네는 다시 길바닥에 주저앉을 것 같은 얼굴이군. 그 1등을 이겼는데도 말이야. 나는 더 이상 자네를 도울 수 없네. 하지만 다시 일어날 비법은 이미 자네 손에 있는 것 같군. 자, 이젠 무엇을 생각하며 뛸 텐가?"

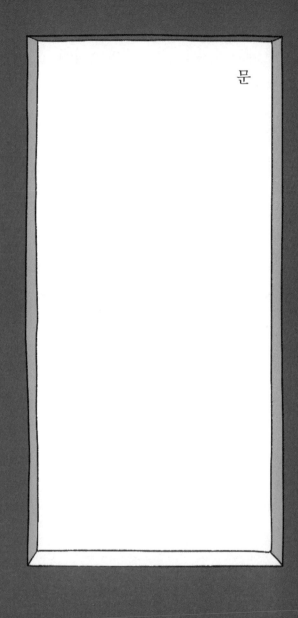

문

— 도대체 왜들 저러는 거예요?

— 저 문을 열려고 애쓰고 있는 거예요.

— 왜 저 문을 열어야 하는 거예요?

— 저 안이 엉망진창이라 지금 자기가 불행한 거래요. 그래서 저 문을 열고 들어가서 다시 정리를 해야만 한다고들 해요.

— 이런! 저 문은 열리지 않을 텐데요. 시간을 끌수록 문은 점점 더 많이 생겨날 뿐이에요.

— 그래도 어떻게든 열어서 정리를 해야 잘 살 수 있지 않을까요.

— 정리는 지금 이 자리에서 하면 돼요. 사실 그 문 안의 것들은 이미 다 사라지고 없거든요. 그 문은 과거예요.

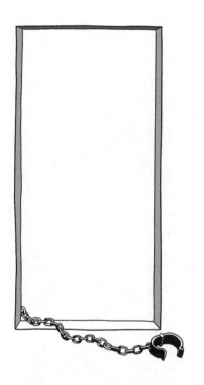

당신의 신발을 정리해 드리겠습니다

똑똑똑, 문을 두드리는 소리가 들립니다.

또 누군가가 찾아왔습니다.

나를 돕고 싶은 사람입니다.

"힘들겠지만 다른 사람들도 다 겪는 일이야. 너 혼자 당하는 일이라고 생각하진 마."

한 친구가 딱한 표정으로 말합니다.

"그만 툴툴 털고 일어나. 너보다 더한 일을 겪고도 더 열심히 사는 사람들도 많아."

다른 친구도 거들었습니다.

"힘들다는 걸 이해는 하지만 다 마음먹기에 달린 거야."

"잘 생각해 봐. 이렇게 된 이유가 있을 거야."

"문제가 무엇인지 찾아봐. 최선을 다하긴 한 거야?"

"이런 때일수록 변명하지 말고 반성을 해야 해."

"왜 그랬니? 그럴 땐 이렇게 했어야지."

"다시 기운을 내야지. 힘 내!"

여러 가지 말로 위로하고 충고하고 조언합니다.

"이겨 낼 수 있어. 하나님은 견딜 수 있는 시련만 주신다니까."

"나도 겪어 본 일이야. 다 지나가게 돼 있어."

모두 옳은 이야기, 좋은 말입니다.

하지만 이미 익숙한 그 말들은 무표정하게 허공에 흩어집니다.

지금 문을 두드리고 있는 친구는 또 무슨 이야기를 해주고 싶은 걸까요.

"안녕! 친구."

그가 활짝 웃는 얼굴로 말했습니다.

"신발을 좀 정리해 주러 왔어. 정리를 하면 시간이 잘 가거든."

현관에는 오래 전 벗어 둔 신발들이 어수선하게 흩어져 있었습니다.

"신발장에도 신발이 많을 텐데, 꼭 신을 것만 남겨 놓고 정리를 좀 하자. 너무 낡은 건 버리고, 잘 안 신는 신발은 맞는 사람에게 주자. 네가 분류를 해주면 내가 정리를 할게."

갑자기 신발 정리라니?

뜬금없는 말이었지만 지금 뭐라도 하지 않으면 다시 침대로 돌아가 누울 것 같아, 신발장을 열었습니다.

가벼운 젤리 슈즈부터 길고 묵직한 부츠까지 한눈에 들어왔습니다.

볼 때마다 '버려야지' 하면서 몇 년째 그냥 넣어 둔 낡은 신발, 나갈 때마다 신어 보긴 하지만 신을 때마

다 어색해서 곧 벗게 되는 큰 장식 달린 구두, 발이 많이 불편하지만 큰 맘 먹고 비싸게 산 신발이라 고이 모셔만 두고 있는 하이힐, 편하지만 발 모양이 흉해 보여서 잘 신지는 않게 되는 샌들, 유행 따라 사긴 했지만 끈 묶기가 귀찮아서 안 신는 군화형 앵글부츠… 처분해야 할 신발들이 수북이 쌓였고, 몇 켤레 남지 않은 신발장은 말끔해졌습니다. 덩달아 내 머릿속도 말끔해진 느낌이었습니다.

"자, 정리를 끝냈으니 이젠 신발을 신고 나가자!"

친구는 신발장에 남아 있는 단화 한 켤레를 꺼내 내 앞에 놓아 주었습니다.

나는 친구가 닦아 준 신발에 발을 집어넣었습니다.

신발을 신자 걷고 싶었습니다.

나는 손잡이를 돌리고 현관문을 열었습니다.

햇빛이 천천히 넓어지며 집 안으로 들어왔습니다.

나는 밖으로 한 발을 내디뎠습니다. 다음 순간 온몸에 햇살을 받으며 성큼 걷기 시작했습니다.

바람이 부드럽게 불어왔습니다.
신발이 경쾌하고 가볍게 따라붙었습니다.

굳게 닫혔던 문이 빼꼼히 열립니다.
수척한 친구의 얼굴이 보입니다.
나는 말합니다.
"안녕, 친구! 신발을 좀 정리해 주려고 왔어. 정리
를 하면 시간이 잘 가거든!"

당신의 카드

오늘도 그를 힐끔거리며 훔쳐본다.

그는 오늘도 즐거워 보인다.

그에게는 내가 모르는, 내게 없는 무언가가 있는 것이 분명하다.

그는 나와 같은 일을 하는데 즐거워 보이고

그가 하는 일은 더 중요해 보이고

그가 더 인정받는 것처럼 보인다.

그가 나보다 월등한 결과를 내는 것도 아닌데 말이다.

그래서 나는 그가 싫다.

싫은데도 신경이 쓰이고 힐끔거리게 된다.

나보다 뛰어난 능력을 가진 것도, 외모가 뛰어난 것도 아닌 그를 경계하며 경쟁 상대로 느끼는 내 자신이 못나 보여 그가 더욱 싫다.

나는 생각한다.

그는 나와 '다른 카드'를 갖고 있는 게 분명하다.

그걸 찾아야 한다.

어느 날 나는 용기를 냈다.

그에게 '네가 가지고 있는 카드를 내놓으라'고 말
했다.

그는 순순히 카드를 내놓았고, 나는 깜짝 놀랐다.

나와 똑같은 카드였다.

ㄱ에서 ㅎ까지, A에서 Z까지.

"다른 카드 없어? 숨기고 있는 거 아냐?"

"다른 카드는 없어. 너도 잘 알잖아."

"그런데 왜 사는 게 차이가 나는 거야?"

"카드 배열이 다르니까!"

"배열이라니, 무슨 말이야?"

"이를테면 난 '일' 카드 뒤에 감사, 재미, 성장, 성취
감을 배열해. 너는?"

자동적으로 내 머릿속에 배열되는 알파벳 카드들,
'스트레스, 피로, 긴장, 지겨움 그리고… 월급.'

"자, 다시 해볼까. '불안정' 뒤의 배열은?"

'불안, 공포, 나빠짐, 절망?'

"내 배열은 변화, 가능성, 인내, 흥미, 선택. 내가 너와 다른 카드를 가진 것 같아? 다시 말하지만 우리가 가진 카드는 똑같아. 가끔 행운의 조커가 섞여 있는 것까지 말이야. 그런데 왜 이렇게 다를까. 배열이 차이를 만들지. 배열은 네 선택이고. 네 삶은 네가 배열한 방향대로 움직일 거야. 네 삶이 너와 반대 방향으로 갈 순 없으니까!"

내 안의 그가 말했다.

"자, 다시 배열을 시작해 볼까."

변화.

실패.

나이.

이별.

.

.

.

행복을 주는 사람

— 아줌마, 어디 가세요?

— 배드민턴 치러 가.

— 배드민턴 치는 거 즐거워요?

— 그럼 즐겁지.

— 잘 쳐요? 그래서 즐거운 거예요?

— 아니, 잘 못 쳐. 만날 지는걸.

— 그런데 왜 즐거워요? 왜 웃어요?

— 오늘 나랑 치는 사람은 행복할 테니까. 나는
  지금 그 사람에게 행복을 주러 가는 길이거든!

집을 지었으면 그 집에서 좀 살아

친구가 집을 지었다고 해서 축하해 주려고 찾아갔
습니다.
친구는 집에 없었습니다.
문 앞 계단에 앉아 친구를 기다렸습니다.
계단은 예쁘고 탄탄하게 만들어져서
맑은 날에는 나와 앉아서 차를 마셔도 좋고
책을 읽어도 좋을 것 같았습니다.
작고 예쁜 화분을 좀 놓아두면 더 아름다운 계단
이 될 것 같았습니다.

어둑해지자 친구가 돌아왔습니다.
무척 지친 모습이었습니다. 손에는 저녁으로 먹으
려고 포장해 온 음식이 들려 있었습니다.
친구의 집 안에는 아직 풀지 않은 짐들이 여기저
기 쌓여 있었습니다.
"미안해. 집 정리가 안 돼서 지저분해."
"많이 바쁜 모양이구나."

"응. 다시 새 집을 짓고 있거든."

"또 집을 짓고 있다고? 이 집 짓고 이사 한 지 얼마 안 됐잖아."

"맞아. 그런데 이 집이 마음에 들지 않아. 더 멋진 집을 지으려고 다른 동네에서 공사를 하고 있는 중이야. 그래서 요즘 피곤해."

친구의 집 안을 찬찬히 둘러보았습니다. 전에 친구가 짓고 싶어했던 집이었습니다.

넓은 거실 창으로 산이 바라다보이고, 주방이 널찍해서 큰 식탁을 놓고 친구들을 불러 즐겁게 밥을 먹고 차를 마실 수 있는 공간이 있었습니다.

친구는 그런 창과 주방을 갖기 위해 이 집을 지은 것이었습니다.

"짓고 보니까 집이 맘에 들지 않아. 요즘은 집에서 모이는 일도 거의 없고 개인적인 시간을 많이 갖잖아. 그래서 안방이 넓었으면 좋겠어. 그리고 넓고 환한 욕실을 갖고 싶어."

친구는 이전에도 집을 여러 번 지었습니다.

새 집을 짓자마자 창문이 작다, 수납공간이 적다, 주방이 작다 등 이런저런 불만이 생겼고, 그때마다 다시 새 집을 짓기 시작했습니다.

이번에는 정말 마음에 드는 설계를 했고, 잘 짓고 있다고 했지만, 새 집에서 짐을 채 풀지도 못하고 다시 집짓기에 나섰습니다.

늘 피곤한 친구는, 향기 좋은 나무 욕조를 즐겨볼 새도 없이 침대에 쓰러져 잠을 자고, 새 집에서 쓰겠다고 모은 아름다운 그릇들의 포장지도 풀지 못한 채 배달 음식이나 인스턴트 음식으로 끼니를 때우고 있었습니다. 멋진 집기들은 다시 지을 그 새 집에서 즐기기 위해 꽁꽁 싸둔 그대로 쌓여 있었습니다.

나는 친구에게 말했습니다.

"집을 지었으면 그 집을 좀 즐겨. 갖고 싶었던 넓은 창을 즐기고, 넓은 주방에서 파티도 좀 해. 언제까지 계속 집만 지을 거야. 어떻게 지어도 맘에 안 드는 건 생길 거야. 그러니까 그 집에 사는 동안 좋은 점들을 충분히 즐기며 살아. 네 마음에 꼭 드는 집을 찾을 때까지 즐기지 못하면 평생 즐기지 못할 거야."

"나이가 들면 다시 집을 짓기 어려울 수도 있어. 그러니 힘이 남아 있을 때 마음에 꼭 드는 집을 지어야 해."

"나이가 들면 관리하기 편한 집이 좋겠지. 즐길 수 있는 힘이 있을 때 네가 지은 좋은 집들을 충분히 즐겨야 해."

잠시 생각하던 친구는 주섬주섬 박스를 열기 시작했습니다.

"미안하지만, 박스들을 열어 보고 찻잔을 좀 찾아 줄래?"

우리는 아직 가구도 들이지 않은 넓은 거실 바닥에서 커다란 창으로 도시의 불빛을 바라보며 예쁜 찻잔에 차를 마셨습니다.

참 아름다운 시간이었습니다.

바지 금지령

햇볕 가득한 오후였습니다.

왕은 창밖을 내다보며 한숨을 쉬었습니다.

"요즘은 도통 사는 게 재미가 없어. 왕이 되면 모든 걸 내 마음대로 할 줄 알았는데 그렇지가 않아. 내가 뭔가 하고 싶은 일이 있어도 국민에게 일일이 물어봐야 해. 게다가 요즘은 여자들 목소리가 너무 커. 옛날엔 남편들의 의견에 조용히 따라왔는데, 이젠 집안일에서부터 나랏일에 이르기까지 여자들 목청이 더 크다니까."

왕은 어제 저녁에도 비행기 조종을 배우게 해달라고 졸랐던 공주를 생각하니 한숨이 나왔습니다.

그러자 왕의 곁에 있던 신하는 왕에게 한 걸음 다가가 맞장구를 쳤습니다.

"그렇지요. 저희 집도 마찬가지랍니다. 사실 요즘 여자들이 너무 드세요. 그래서 왕께서 나라를 다스리기가 더욱 어려워지신 겁니다. 여자들은 원래 요구사항이 많지 않습니까."

"그러게나 말일세. 요즘만 같으면 내가 왜 왕이 되었는지 모르겠다니까."

신하는 그 말에 반색하며 말했습니다.

"사실은 이런 문제를 잘 해결할 수 있는 사람이 있다는 이야기를 들었습니다!"

왕은 귀가 번쩍 뜨였습니다.

"그래? 도대체 그 사람이 누군가? 당장 데려와 보게."

다음 날 신하는 한 남자를 왕 앞에 데려왔습니다. 그의 얼굴은 신중하면서도 어딘지 자신감에 차 있는 것처럼 보였습니다. 왕 앞에서도 결코 주눅 들지 않는 모습에 왕은 말을 나눠보기도 전에 그 남자에게 확 끌린 듯했습니다.

"그대가 여자들의 기를 꺾고 내가 하고자 하는 일들도 모두 생각대로 할 수 있도록 하는 비책을 알고 있다고 들었네."

"네. 그렇습니다."

남자는 확신에 찬 어조로 말했습니다.

"그래? 도대체 그 비책이란 어떤 것인가?"

"그것은 사실 아주 간단합니다. '여자들에게 바지 금지령'을 내리는 것입니다."

"그게 무슨 말인가. 바지금지령이라니?"

왕은 의아한 표정으로 남자를 보았습니다.

"사실 여자들이 남자들에게 맞서게 된 것은 바지를 입게 되면서부터입니다. 여자들이 치마만 입었던 시절에는 아주 부드럽고 상냥했습니다. 활발하게 활동하기가 불편했기 때문이지요. 특히 장식이 많고 긴 치마나, 폭이 좁은 치마를 입어야만 했을 때는 더욱 그러했지요. 움직임이 많은 일은 하기 어려웠고 집 안에서 살림만 하기도 벅찼습니다. 그런데 여자들이 바지를 입고부터는 활동을 하기가 아주 편해졌습니다. 움직이기가 편해지니 일하는 속도도 빨라지고 남는 시간이 생겼습니다. 여유 시간이 점점 많아지니 서서히 밖으로 나와서 남자들이 해오던 일에까지 도전하게 된 겁니다. 이전과 달리 교육도 많이 받아서 남자들과 동등하게 경쟁을 하게 되니까 자연히 힘을 얻게 되고 이런저런 요청이 많아졌어요. 여러모로 피곤하게 된 것이지요."

"듣고 보니 과연 그렇군. 그렇지만 어떻게 여자들이 바지를 입지 않게 할 수 있는가? 바지 착용을 금지하는 법이라도 만들라는 말인가?"

남자는 미소를 지었습니다.

"그렇게까지 하실 필요는 없습니다. 법보다 더 부드럽고 확실한 방법이 있으니까요."

며칠 후, 아주 밝고 경쾌한 노래 한 곡이 온 나라에 울려 퍼졌습니다. 텔레비전에서도 라디오에서도 찻집이나 옷집에서도 이 노래가 흘러나왔습니다.

치마가 좋아

치마는 여성스러워

치마는 사랑스러워

치마를 입으면 행복해져요

그러니까 치마가 좋아

텔레비전에서는 어떤 채널을 돌리든 이 노래가 흘러나왔습니다. 인형처럼 예쁘고 날씬한 가수들은 하나같이 너무 아름다웠습니다. 가수들이 입은 치마는 잘록한 허리와 길게 뻗은 다리의 맵시를 한결 돋보이게 해 주었습니다. 가수들이 입은 치마는 불티나게 팔렸고, 어느새 전국적으로 치마 열풍이 불기 시작했습니다.

전문가들은 이런 현상에 대해 토론회를 열었습니다.

치마가 얼마나 여성미를 돋보이게 하고 건강에도 좋은가를, 국가적으로도 얼마나 큰 이익인가를, 도표와 통계를 동원해 전문적으로 설명했습니다. 그들 역시 맵시 있고 세련된 치마를 입고 있었습니다.

사람들은 전문가의 분석에 감탄하며 연신 고개를 끄덕였습니다.

그럴수록 치마는 더욱 더 불티나게 팔려 나갔습니다.

그러나 누구보다 사람들을 놀라게 한 것은 공주
였습니다.

어릴 때부터 큰 사랑을 받아 온 공주가 비행기 조
종사가 되겠다고 해서 왕이 못마땅해하고 있다는
걸 모두 알고 있었습니다.

그런데 어느 날부터 공주의 모습을 담은 대형 포
스터가 거리마다 나붙었습니다.

레이스가 많이 달린 긴 치마를 입은 공주의 사진
밑에는 이렇게 씌어 있었습니다.

"저도 치마가 좋답니다."

공주의 영향력은 대단했습니다.

여기저기서 가장 치마를 아름답게 입는 사람을 뽑
기 시작했고, 가장 아름다운 치마 뽑기 투표가 성
행했습니다.

처음에는 치마 입기를 거부했던 사람들도 하나둘
치마의 매력에 빠졌습니다.

치마는 길이가 길어지기도 하고 짧아지기도 했고 폭이 넓어지기도 하고 좁아지기도 했습니다. 그럴 때마다 사람들은 새로운 치마를 사기 위해 이제까지 입던 치마를 버리고 새로운 스타일에 열광했습니다.

텔레비전도 라디오도 새로 유행하는 치마를 광고했고, 연예인도 전문가도 새로 유행하는 치마를 입고 나왔습니다.

바지 공장들은 다투어 치마를 만들기 시작했습니다. 이제는 바지를 입고 싶어도 사기 어려운 상황이 되었습니다.

사람들은 앞다투어 말했습니다.
"치마를 입으니 정말 생활이 편해졌어요."
"여성스러워지니까 삶이 부드러워졌어요."
"역시 옷이 사람을 만들지요!"

남자들은 점점 치마 입은 여성을 좋아하게 되었습니다. 치마가 잘 어울려야 능력 있는 사람이 되었고 인기 있는 신붓감이 되었습니다.

가장 인기가 있는 치마는 역시 공주가 입는 치마였습니다. 그 치마는 한정판이었습니다. 사고 싶은 사람은 많은데, 수량이 한정되어 있으니 비쌀 수밖에 없었습니다.

디자이너들은 끊임없이 새로운 모양의 치마를 만들어냈습니다. 사람들은 유행하는 치마를 사기 위해 열심히 일했지만 그럴수록 치마 값은 더 비싸지기만 했습니다.

치마가 유행하면서 왕이 원했던 대로 여자들은 부드러워지고 얌전해졌습니다. 그런데 왕은 만족스럽지 않았습니다.

왕은 다시 왕궁 밖을 내다보며 말했습니다.

"요즘은 여자들도 얌전해졌고 공주도 멋진 옷을

입는 데 열중하고 있어. 비행기 조종사의 꿈도 접고 이젠 멋진 패션 디자이너가 되고 싶다는군. 그런데 여전히 내 삶은 편안하지 않아. 왜 그런지 모르겠어."

신하는 말했습니다.

"저도 그렇습니다. 이상하게 피곤해요. 왜 그런지 모르겠으니 다시 '그 사람'을 불러 볼까요? 그에게 무슨 해결책이 있을 겁니다."

다음 날 그 사람이 왕 앞으로 왔습니다.

왕은 자신의 고민을 이야기했습니다.

그는 이미 그런 문제를 예상했다는 듯이 말했습니다.

"그건 여자들이 치마만 입기 때문에 생긴 일입니다. 사실 치마가 보기에도 좋고 사람들을 얌전하게 만들기는 하지만 잘 움직이려 하지 않는다는 단점이 있습니다. 그래서 예전에는 여자들과 나누어서 하던 일들을 대부분 남자들이 하게 되었습니다. 게다가 치마가 점점 비싸지니까 그걸 사기 위해서는 더 많이, 더 오래 일을 할 수밖에 없는 상황이지요. 그러다 보니 피곤해서 짜증이 늘고 작은 일에도 다툼이 잦아졌습니다. 그래서 남자도 여자도 행복하지 않게 됐고, 왕께서도 행복하지 않은 겁니다."

"과연 그렇군!"

왕은 무릎을 쳤습니다.

"그럼 이 문제를 어떻게 해결해야 하지?"

그러자 그는 기다렸다는 듯이 대답했습니다.

"간단해요. 다시 보여 주고 들려주면 됩니다."

얼마 지나지 않아 아주 밝고 경쾌한 노래 한 곡이 온 나라에 울려 퍼졌습니다. 텔레비전에서도 라디오에서도 찻집이나 옷집에서도 이 노래가 흘러나왔습니다.

바지가 좋아

바지는 편해

바지는 멋져

바지를 입으면 행복해져요

그러니까 바지가 좋아

텔레비전에서는 어떤 채널을 돌리든 이 노래가 흘러나왔습니다. 인형처럼 예쁘고 날씬한 가수들은 하나같이 너무 아름다웠습니다. 가수들이 입은 경쾌한 바지는 다리를 한결 길고 돋보이게 해 주었습니다. 가수들이 입은 바지는 불타나게 팔렸고, 어느새 전국적으로 바지 열풍이 불기 시작했습니다.

전문가들은 이런 현상에 대해 토론회를 열었습니다.

"바지는 사람을 활동적으로 만들어요. 능력 있는 여성이라면 역시 바지를 입어야지요. 폭이 좁거나 치렁치렁한 거추장스러운 치마를 입고 어떻게 큰 뜻을 이루겠어요. 한때는 여성들이 바지를 입고 남성들과 동등하게 경쟁했는데 언제부터, 무슨 이유로 치마 일색이 되었는지 정말 모르겠어요."

최신 유행하는 바지를 입은 전문가들의 손에는 도표와 통계표가 들려 있었습니다.

다시 공주의 포스터가 거리마다 나붙기 시작했습

니다.

화려하고 멋진 바지를 입은 공주의 사진 밑에는
이렇게 씌어 있었습니다.

"저도 바지가 좋답니다."

포스터를 본 사람들은 말했습니다.

"바지 입은 공주를 좀 봐. 정말 경쾌해 보이지 않
아? 머지않아 하늘도 날겠어."

"나도 바지를 입고 나서 삶이 달라졌다니까."

"역시 옷이 사람을 만드는 거야."

사람들은 앞다투어 바지를 입기 시작했습니다. 이
제 치마를 입는 여성은 답답하고 무능력한 구세대
의 여성이 되었습니다.

남자들은 바지가 잘 어울리는 능력 있는 여자를
최고의 신붓감으로 생각하게 되었습니다. 여자들은
활달해졌고 자신의 돈으로 멋진 바지를 사기 위해
열심히 일했습니다. 이제 사회는 그런대로 돌아가는
느낌이었습니다.

왕은 다시 창밖을 보며 말했습니다.

"그런데 말이야, 다시 옛날로 돌아온 느낌이잖아. 왜 이렇게 된 거지. 뭔가 이상하단 말야. 무엇이 이렇게 만든 거지?"

왕은 깊은 생각에 잠겼습니다.

신하는 덩달아 근심에 싸인 채 아무 말도 하지 않았습니다.

신하는 그 남자를 찾아가 말했습니다.

"어쩌지? 왕이 생각을 하기 시작했어. 사람들도 점점 생각을 하게 될 거야."

그러자 그 남자는 말했습니다.

"괜찮아. 꼭 옷으로만 돈을 벌라는 법은 없으니까. 보여 주고 들려주기는 어떤 것에든 유용하니까 말이야."

두 사람은 서로 마주보고 슬며시 입꼬리를 올리며 웃었습니다.

love

사랑은 연인이 없거나 잠들어 있는 동안에
도 우리가 아침을 맞을 수 있는 이유가 된
다. 사랑은 단순하면서도 이해할 수 없는
방향성을 가지고 나아가 그 궤적을 끊임없
이 수정하게 만들곤 한다. 서로 끝을 향해
나아가는 동안에도 심장은 자신을 사랑하
는 걸 멈추지 않는다. 모든 사랑은 진행 중
이다.

사신

어느 날 사
신이 내게 말을 걸었다.
비가 부슬부슬 날리는 늦은
밤, 나는 외진 언덕길 아래로 두 번 반
을 구른 자동차에 거꾸로 매달려 있는 중이라
사신을 만나기에 딱 좋은 시간이었다.

사신   이제 그만 가자

내 팔은 만세를 부르고 있었고, 판때기로 맞은 듯
얼얼한 얼굴엔 끈적한 액체가 흐르고 있었다. 액체
는 내 눈을 지나 머리 위로 흘러가 바닥으로 툭툭
떨어지고 있다. 눈을 뜰 수 없어서 목소리의 주인을

처다볼 수가 없었다. 그리고 앵앵거리는 소리가 삐~하는 이명 사이로 마치 고산에서 귀가 막혔을 때의 어벙벙한 울림같이 들렸다.

귀를 기울이니 그것은 잔소리를 지껄여 댔다. 거의 모든 문장이 "너는 항상…"으로 시작되었다. 내어린 시절 작은 실수부터 사소한 버릇까지 죄 읊어대며 모욕감을 주고 있었다. 정신이 없는 와중에도 이 잔소리는 분명하게 내 가슴에 파고들었다. 그래서 그인지 그녀인지 그 녀석인지 어떻게 불러야 하는지도 모르겠지만, 만사가 귀찮아진 나는 그 존재를 '그것'이라 부르기로 했다.

그리고 '그것'을 내 사신이라고 확신하는 이유는, 애초 나는 홀로 운전을 하고 있었고, 갑자기 나타난 '그것'은 잔소리를 퍼부어대면서도 나를 구할 수 있는 쉬운 행동조차 하지 않았기 때문이다.

안전띠는 풀리지 않고 살 속으로 파고들며 심장을 졸라 터트릴 것 같았다. 목은, 벨트와 피부가 맞물

려 찢어질 듯 쓰라렸다. 오른손에 감각이 없었기에 왼손으로 안전띠를 풀려고 했지만, 당최 힘이 들어가지 않았다. 이것만으로 충분히 힘겨운 사투를 벌이고 있는데도 그것의 잔소리는 어느덧 내 술버릇으로 옮겨 갔다.

동료들이 내 뒷담화를 하는 걸 몇 번 들은 후로는 어떤 모임이건 기어코 술자리 마지막까지 남는 버릇이 생겼다. 그 덕분에 뒷담화에 난잡한 소문까지 더해지곤 했다.

차에 불이 붙은 것 같았다. 그 불의 온기가 내 살갗에 느껴질 정도였다.

거꾸로 매달린 채 꼼짝없이 죽게 된 마당에, 기껏할 수 있는 거라곤 마지막에 어울릴 아름다운 기억을 하나씩 소환해 봐야겠단 생각 정도였다. 다만 부모님이나 옛 연인처럼 고통과 함께 찾아오는 기억은 문을 닫아 걸고 싶었다. 그런데 쉽지가 않았다. 생각은 도돌이표처럼 다시 그들을 찾아가 버리곤 했다.

그간 왜 그렇게 스스로에게 야박하게 대했는지 회한
이 밀려왔다.

 날은 점점 추워지는데 굳이 출장을 와 이렇게 사
고를 당했을까. 이럴 줄 알았다면 내 집이 싫어 나간
철없는 고양이나 찾으러 갈 걸 그랬다. 그 아이가 집
에 있었다면, 이곳에서 탈출해 집으로 가고 싶은 마
음이 생겼을까? 그 아이는 지금 내리는 빗속에 어쩌
고 있을까? 내가 아무리 싫어도 안락한 곳에서 배불
리 먹는 게 좋았을 텐데. 밖에 두고 온 그리운 친구
가 있었던 걸까?
 그 아이가 주었던 보드라운 온기가 생각난다. 지
금이라도 찾으러 가면 너무 늦었을까?
 …… 그리고, 지금이라도 그에게 사과한다면 이
 고통은 사라질까?

  '삐-' 하던 이명이 조금 가라

앉자 다시 들려오는 그것의 잔소리. 숨 좀 쉬자.

그런데, 사신인데 왜 이렇게 잔소리를 하는 거지? 저승 가기 전까지 잔소리나 하려는 건 아니겠지? 설마 내가 이승에 남길 바라나? 하지만 내게 저 바깥이, 뒤집힌 채 불타고 있는 이 차 안보다 안전할까? 내가 살아온 세상은 쭈욱 지옥이었다.

그토록 얻고자 하던 것이 모두 허상의 힘이란 걸 알고 움켜쥔 손을 펼쳐 볼 수 없어 굳은 채 살았다. 움켜쥔 손이 살을 파고들도록. 매일 칼같이 떠지는 눈, 끔찍한 아침, 전쟁터에서 패잔병이 맞는 하루는 매일 용기를 내야 가질 수 있었다. 죽는 건 무섭지 않으나 낙원을 가도 숙면할 수 없을 것 같았다.

사신은 생전의 죽은 이의 얼굴로 다가온다고 하지 않았나?

그래, 목소리가 어딘가 익숙하다. 잔소리하는 말투까지도…. 사신은 내 죽은 엄마의 유령인지도 모르겠다. 나만 남겨두고 떠난 잔인한 사람들. 나이 먹

은 철부지를 세상에 방임한 사람들. 나는 사신에게 따져야 할 게 있었다. 아니 누구라도 좋으니 죽기 전에 따져 보고 싶었다.

나   너 진짜 누구야?

사신   이제야 대화해 주는 거야? 매번 나만 떠들어서 심심했어. 네가 맞혀 봐. 당연하게도 네가 아는 사람이야.

나   난 지금 눈을 뜰 수 없어. 그냥 말해 줘! 누구야? 궁금해! 말해! …진, 진짜 어, 엄마야?

사신   하하하하하. 엄마가 무슨 자식의 사신으로 나타나?

나는 밀려오는 실망감에 당황스러웠다. 사신의 웃음소리는 그래서 더 거슬렸다.

사신   학원비와 성적으로 애정을 측량하던 그 양반이 퍽도 그러겠다.

나	하… 그렇게 말하지 마. 엄만 최선을 다한 거야.
사신	나는 네가 늘 네 엄마 흉내를 내는 줄 알았는데? 어쨌거나 네 엄마는 아니야.
나	…… 한 번쯤 엄마를 볼 수 있지 않을까 생각했어. 하고 싶었던 말이 있었던 거 같아. 아마 투정이었겠지. 어쩌면 그때 못한 작별 인사였을지도. …아빠도 아니겠지?
사신	응.

왜인지 맥이 빠지고 "푸흐흐흐" 하고 웃음이 나왔다.

나	아빠 말투와 너무 달라서 그럴 것 같았어. 하하 나 죽기 전에 한번 보고 싶었나 봐. 둘 다 진짜 야박하네… 좀 와 주지.
사신	설마 아직도 내가 누군지 모르는 거야? 혹시 모르는 척하는 거야?

나   진짜 모르겠어. 그냥 말해 줘.

사신   밖에선 그렇게 활기찬 사람인 양 굴면서. 그
       러니 네가 우울증약을 못 끊는 거야. 너는 지
       금 죽음 말고 다른 생각은 못 해? 이렇게 길게
       얘기했는데 어떻게 아직도 몰라?

나   그러니깐 누구냐고!

사신   이제 와서 가르쳐 주려니 짜증이 나는데? 죽
       음밖에 생각 못 하는 넌, 거의 불가능하겠지
       만. 혹시 만약에 말이야, 여기서 살아난다면
       어떨지 생각해 봤어?

나   사신으로 왔으면서 날 기만하고 놀리지 마!

사신   허… 기만하고 사는 건 네 특기지. 네 오른손
       은 진짜 안 움직이는 거야? 그게 움직였으면
       진작 여기서 나갔을 거잖아?

나   진짜 누구야? 지금 앞이 안 보여… 볼 수가…
       없다구….

기력도 거의 바닥나고 이 정도 했으면 얼굴을 닦

아 주고 순순히 면상을 보여 줄 거로 생각했던 나는
그것의 놀리는 듯한 말투에 화가 났지만 무기력하게
버둥댈 뿐이었다.

사신   휴대폰, 네비 다 먹통. 얼굴엔 피가 흐르고, 차
       는 불까지 났어. 휘발유 냄새도 나는 걸 보면
       곧 불길이 옮겨붙겠지. 네가 원한다면 정말 죽
       기 좋을 기회야. 그렇지?
       넌 항상 말야 정말, 중요한 걸 미루는 습관이
       있잖아? 확인하는 걸 무서워해. 그렇지?
나   …………
사신   바로 널 구해 줄 유일한 것을 애써 없는 것처
       럼 쳐다보지도 않잖아? 그런데, 이 열감이 혹
       히터에서 나오는 열기면 어쩔래? 그때도 이렇
       게 매달려만 있을 거야? 움직이지 않는 오른
       손처럼?
나   잠… 잠깐…. 손이, 오른손이 움직여. 눈을 닦
       아 낼 수 있을 것 같아…. 잠깐… 조금만 더….

사신　　이제 눈이 떠지는 거야? 그럼 똑바로 봐. 내가
　　　　누구야?

깨진 유리 너머 비가 들이치는 것인지, 차가운 현
실에 세수를 한 기분이었다. 백미러에 비친 얼굴이
말했다.

자신　　나. 나야.

얼굴에 흘러내리는 카페라테의 달달한 향이 훅 하
고 느껴졌다.

기억의 주인

"응… 너는 할 만하고?… 네가 고생이다. 응… 응… 아빠 이제 씻고 자야지."

전신주 교체 작업으로 여관에 묵었던 투숙객이 여관 에어컨 뒤에 숨겨진 배선 하나를 찾아내었다. 현명하게 여관 주인에게 따지지 않고 경찰서에 바로 신고를 해, 영장 발급, 증거물 압수, 여관 주인인 도촬범 검거까지 일사천리로 진행되었다.

23개의 메모리 카드와 방 세 군데에서 더 찾은 도촬 기구, 그리고 2대째 운영 중인 여관, 마지막으로 기록된 영상에 여관 주인 본인이 카메라를 점검하는 장면까지 찍혀 있었다. 모든 증거가 도촬이라고 분명하게 말하고 있었다. 다만, 휴대폰과 PC를 순순히 내놓았으니 유포 흔적은 없을 가능성이 컸다.

확인한 영상이 고소인이 홀로 여관에서 딸과 전화 통화한 정도의 장면이라, 동일 범죄 이력이 없고, 수사에 협조적으로 나오면, 초범에 신원도 분명해서 합의나 가벼운 벌금, 훈방조치도 가능할 참이었다.

그러나 도촬 기구와 영상들이 너무 많았다. 이제 껏 한 번도 들키지 않을 정도로 숙련되게 영상을 조달해 온 게 분명했다. 일단 살핀 영상이 성적 수치심을 일으킬 정도의 장면은 아니어서 송치 전에 영상 유포처나 유포 방식을 하나라도 더 알아내야 했다.

하얀 셔츠에 철 지난 안경테를 한 남자가 구부정하게 책상 앞에 앉아 있다. 기선 제압을 위해 서류철로 책상을 내리치며 나도 맞은편에 앉았다. 놈이 움찔하며 긴장하는 게 보인다. 묘하게 초범 냄새가 났다. 몰아치면 일사천리로 판매처까지 술술 불 것 같았다.

"시x, 이런 사건이 배당되면 기분부터 아주 더러

워. 또 이런 기사 나면 남자가 다 너 같은 줄 알 것 아냐? 빨리 대답하면 빨리 끝나. 발음은 또박또박 한 번에 알아듣게 알았지? 자 이름!"

놈은 억울한 듯 하소연하는 능구렁이가 아니다. 나를 노려보지도 않는다. 잔꾀를 내어 변호사를 불러 달라거나 바닥에 드러누워 시간을 끌지도 않는다. 원래 성실한 건지 여유로운 건지 보통이 아니다. 착실하게 대답하는 속내를 모르겠다. 하지만, 내 손에 잡힌 이상 놈 뒤에 숨은 조직까지 아주 탈탈 털어 주겠다.

나이 : 41세

성별 : 남성, 미혼

주거 : 동일여관 기거. 동거인 없음. 형제 없음. 모친은
　　　 부친 사별 후 재가

직업 : 여관 운영

피의사실 : 불법 촬영

"바로 훈방 처리해 줄게. 유통처만 불어."

"없습니다. 그런 거."

"허. 선수 같은데 말귀를 못 알아듣네. 네가 이러면 일일이 대조작업 들어가야 하는데, 내가 너랑 앉아서 야동이나 보고 있어야겠냐? 판매처 대. 빨리대고 끝내자."

"제 기억을 다른 사람에게 왜 팝니까? 저 그런 사람 아닙니다."

"허 x⋯. 나 그 속에 있는 거 보기 싫어. 딸도 있는 내가 잠깐이라도 너 같은 변태 눈으로 세상을 보는 것 같아 아주 역해."

"아니 제가 찍고, 제가 지킨, 제가 진짜 주인인 영상이라고요!"

"네가 찍은 건 알고 있고요. 출연도 하셨어요? 그래서 어디에 얼마에 팔았냐고?"

"아닙니다. 아니라고요! 제가 저것들의 진짜 주인입니다. 제 기억을 누구한테 팝니까?"

깡마른 몸에 선한 얼굴, 느릿한 목소리. 얼핏 동네 어디에나 있을 법한 교회 청년이나 문구점 아저씨 같은 인상이었다. 간단한 사건이라 생각하고 선뜻 받은 내 잘못이다.

"그래 하나 까고 시작하자. 너 딱 기다려!"
"제 겁니다. 허락받고 보세요!"
"하! 누가 누구한테 허락을 받아! 이런 미친 또라이새끼."

나는 실소를 흘렸다. 신경질적으로 바구니에서 카드 하나를 골라 노트북에 꽂았다. 피해자를 위해 인간적으로 스피커 소리는 낮췄다. 그런데 갑자기 내 뒤 편에 볼일이 있는 양 동료들이 서성인다는 느낌이 들었다. 그리고 놈은 고개를 숙였다. 창피는 아는 놈이지만 기어코 증거라도 내밀어야 죄를 인정할 모양이다.

영상에 웬 노인 하나가 여관방에서 발톱을 깎고 있었다. 매우 느린 속도로 하나하나 공들여 깎는 그 모습을 보고 있던 나는, 뒤 편에 있던 동료가 "야! 속도라도 빠르게 해봐" 하는 소리에 정신을 차리고, 2배속에서 3배속으로 올려 노인이 티브이를 켜놓은 채 잠드는 모습까지 보았다.

다시 5배속 10배속 등으로 플레이 속도를 더 높여 영상을 검색했다. 그러자 변태 녀석이 참다못해 한 마디 던졌다.

"그렇게 보시면 안 돼요. 그럼 다 놓쳐요."

내 눈앞에 있는 놈을 '미친놈'과 '이상 성욕자' 사이에서 이리저리 저울질하는 동안 동료가 다른 메모리카드 하나를 찾아들고 소리쳤다.

"하~ 제목 좋네. 이런 걸 먼저 봤어야지!"

첫 번째 영상의 노인을 빠르게 잊고 싶은지 동료
와 나는 오기와 광기로 'no.빨강.이름을 잃다'를 꽂아
넣고 클릭했다. 첫 번째 메모리카드 'no.느린색.숨결'
제목이 이제야 눈에 들어왔다.

새 메모리 카드의 첫 번째 영상은….
붉은 노을이 여관 창으로 기다랗게 들어온 방에
모래포대가 터진 듯한 배를 가진 어떤 중년 남자가
누워 한 손으로 담배를 피우며 하늘을 무심히 바라
보는 장면이었다.
다른 영상을 클릭해 보자 붉은 노을이 진 오후에
어떤 여자가 방문을 열고 무거운 케리어를 끌고 들
어오는 장면이 녹화되어 있었다. 그녀는 친구에게
전화를 걸어, 싼 여관인데 생각보다 조용하고 깨끗
하다며 부산스레 통화했다.
기대를 실망으로 채운 동료들이 하나둘 빠져나갔
다. 그 뒤로 본 영상들도 성향은 조금씩 달랐으나

물 마시는 행위, 컵라면이나 치킨 같은 음식을 먹거나 자장면·짬뽕을 배달시켜 먹는 행위, 심부름꾼에게 돈을 주는 행위, 전화 통화, 하품, 트림, 머리 빗기, 옷 입기, 거울 보기 등 하찮은 일상뿐이었다.

"이런 걸 왜 저장해 둔 거야?"

나는 한심하게 그에게 물었다.

"저분들은 기억하지 않을 거라서요."

나는 머리가 아팠다. 미간을 누르며 복잡한 마음을 넘겼다.

"… 어쨌거나 넌 타인의 사생활을 몰래 봤어."

"그날은 노을이 유난히 이쁜 날이었어요. 담배 연기며 창으로 들어온 노을 색채며 몸에 비친 창문 그림자도 너무 예뻤어요.

제가 언젠가 그분에게 그때 노을이 좋지 않았냐고 물었는데, 저희 여관에 묵은 기억조차 못 하시더

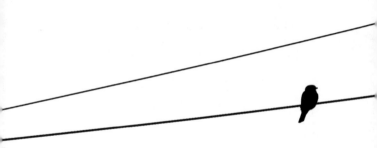

라고요. 그날 거기서 따로 만나신 분 때문에 둘러대시나 했는데 정말 기억을 못 하시더라고요. 그렇게 예쁜 노을조차 말이죠. 그분이 그렇게 저희 여관에 던져놓고 간 기억이라면, 시간이 지난 분실물이니 제가 가지는 게 맞지 않나요?"

"…… 하, 이게 범죄인 건 알고 있지? 사생활 침해… 통신보호법 위반…!"

"제가 아니면 영영 사라질 것들입니다. 술에 취한 저 아저씨는 가족에게 전화한 사실도 잊어버리겠지요? 저 대학생은 이전에 데려온 다른 연인들과 나눈 밀담을 기억할까요? 저 사람은 통화하면서 양말 벗는 버릇이 있다는 걸 알까요?

본인들은 기억도 못 하는 수많은 시간, 아니 기억

한들 당시의 말, 풍경, 온도, 감정, 감각들이 아무렇지 않게 무책임하게 시간 속에 사라지는 건데…. 분명 그날 그곳에 있었던 우주적인 이유라는 게 분명 있을 텐데. 사람들은 자신이 존재하던 시간을 너무 함부로 취급합니다. 쉽게 망각하고 때론 마치 없었던 것처럼 부정해 버리더군요. 그런 사람들이 그 기억들을 가질 자격이 있다고 보세요? 타인인 나보다 기억도 못하면서!"

"버렸든 아니든 몰래 주웠다고 기억이 네 것이 될 수 있는 게 아니잖아?"

"저는 누군가 제 일상을 기억해 주면 좋겠습니다. 제 사소한 습관에 관심을 가지고, 저는 모르는 제 버릇을 알려 주고, 가끔 생각하며 웃기도 하는…. 어느 땐 제발… 제발 그렇게 해달라고 빌기도 했어요."

피의사실: |

모니터 화면에 방향을 잃은 커서가 항공장애등처럼 깜빡거리고 있었다. 그의 피의사실을 뭐로 해야 하는가?

그의 PC와 휴대폰의 로그 파일 조사 결과가 나왔다. 예상대로 유포의 흔적을 찾지 못했다는 결론이었다. 감정서를 받아들고 나는 송치의견서 작성을 아직도 마무리 짓지 못하고 잔업을 하고 있다. 홀로 남아서인지 새삼 쓸쓸했다. 낡은 여관 좁은 카운터 안에 갇혀, 스쳐 가는 손님들의 떨어진 기억을 주워 담고 있는 그의 외로움을 상상하고 말았다.

나는 어제 무엇을 했던가? 아니 오늘은 무엇을 했던가? 좀전의 나는 무엇을 했던가?

커서가 깜빡깜빡 뭐라도 좋으니 글을 쳐달라고 하고 있었다.

피의사실: 기억 절도 |

카메라 모니터 너머로 취조실 의자에 앉아 있는 그의 모습을 보며 나중에 그와 다시 만나게 된다면 "당신은 허벅지 뒤를 긁는 버릇이 있더라"라고 말해 줘야겠다.

내 자루 활용법

한때 나는 내 자루 관리법을 잘 알지 못해 자루를 거의 찢어먹을 뻔했던 적이 있었다. 그간 쌓여 있던 열정의 알곡들이 후루룩 바닥으로 흩어져 사라졌다. 나는 굶주림과 상실감에 아무것도 하지 못하고 자루 관리의 중요성을 몸으로 혹독하게 체득해야 했다.

내 가족과 친구들이 알곡을 조금씩 나누어 주었기에 겨우 고통에서 벗어날 수 있었다. 시간이 걸리긴 했으나 자루 수선도 잘되어 어느새 제 기능도 하게 되었다.

그래서 나도 사람들에게 받은 만큼 다시 돌려줄 수 있게 되었다.

사람들은 내게 올 때마다 빈 그릇을 내민다.

그러면 나는 공감 한 국자, 웃음 한 바가지, 때론 관심 한 종지, 그때그때마다 사람들이 내민 그릇에 내 알곡을 퍼주곤 한다. 물론 내가 그들을 찾아갈

때도 그들의 기분에 따라 혹은 내 편리에 따라 내 그릇에 맞춰 적당히 주고 적당히 받으며 배분을 확실히 했다. 그렇게 내 열정의 알곡들이 든 자루는 언제나 안정적으로 차 있었다.

다시는 자루가 찢어지지 않게 항상 주의해야 한다. 사소한 듯 가서 꽂히는 말, 하찮은 듯 보는 날카로운 시선에도 사람들의 자루가 찢어지는 걸 나는 무수히 보았었다. 그건 기껏 모아둔 알곡들을 허무하게 버리는 짓이다.

이 세상은 거래량 보존의 법칙으로 돌아간다. 내가 준 그만큼이 내 자루에서 사라진다. 당연히 그만큼을 남에게 돌려받아 내 자루를 채워야 손해를 보지 않는다. 더러 자기 자루만 챙겨 가는 얌체도 있지만, 거래 목록에서 아예 지워 버리면 그만이었다. 그런 자는 점차 사람들의 거래 리스트에서 사라져 갔다. 그래서 알곡이 부족한 자는 무시를 받고 낯선 이는 의심을 받았다. 세상의 시장 규칙에 익숙해진 나도 사람들과 섞여 함께 잘 돌아가게 되었다.

　그러던 어느 날 난 별 희한한 자의 희한한 자루를
보았다.
　그자는 그릇을 내밀지 않고 바로 자루를 벌렸다.
얼마든지 가져가든지 붓든지 하라는 듯이.
　이 희한한 자루의 외견은 평범해 보였지만, 자루
를 열면 알곡 사이 가운데가 기다란 원기둥 통로라
도 있는 듯 구멍이 뚫려 있고 그 바닥도 보이지 않았
다. 답답하게도 그것은 내 눈에만 보였다.
　그자가 자루 아가리를 벌릴 때마다 나는 두려움
을 느끼곤 했다. 저런 자루와 내 자루를 바로 거래
했다간 저것은 블랙홀처럼 모조리 빨아들여 금세
날 사람들의 관심이나 동냥하는 거래불능자로 만들
게 뻔했다.

　멀리 그자가 눈에 띄기라도 하면 나는 빙 돌아가
거나 굉장히 바쁜 사람처럼 보이게 해 내 근처에 오

지도 못하게 만들었다. 그런데도 그자가 틈만 나면 내게 관심 한 줌씩 던져대는 통에 못 본 척하기도 쉽지 않았다.

하지만 그자가 더욱 못 미더운 것은, 꼭 내게만 관심을 주는 것이 아니었기 때문이다. 솔직히 이 점이 제일 싫었다. 누구에게나 친절 한 모금, 미소 한 움큼.

받는 것도 없이 저렇게 가랑비에 옷 젖듯 쓰다간 탕진하기 십상이지만 내 자루도 아닌데 무슨 상관인가 싶었다.

그런데… 주말 저녁 가만 누워 있는데 갑자기 그자가 떠올랐고, 화가 나서 참을 수가 없었다.

"대체 앞으로 어쩌려고 그렇게 주기만 하는 거지? 혹여 자루가 찢어지기라도 해 알곡을 모두 잃어버리면 나눠 준 알곡을 다시 되돌려받기나 하겠어? 그렇게 세상이 만만한가?"

하지만 나는 아무것도 하지 않았다. 그런 관심에 혹해서 괜히 반응해줬다가, 정신을 차릴 때면 그 바닥없는 자루는 어느새 내 알곡들을 모조리 뺏고 그자는 달아날 게 분명했다. 그런데 그자의 자루 생각을 떨치려 할수록 어쩐 일인지 내 알곡들이 야금야금 자루를 빠져나가 더 불안해졌다. 역시 아예 안 보는 게 최선이다.

그렇게 투명인간처럼 지내던 어느 날, 신발 끈을 묶고 일어서는데 그자가 내 바로 앞에 서 있었다. 갑작스런 출연에 나는 완전히 긴장해 몸이 굳어 버렸다.

그자는 염려 한 마디를 전하려고 한 것 같았다. 하지만 그때의 나는 내 자루를 잃을 걱정밖에 하지 못했다. 자루를 꽉 안고 덜덜 떨며 다가오지 말라고 소리쳤다. 하지만 그자는 한 발 더 다가왔고 나는 그를 밀어내려고 잔인한 말을 휘둘렀다.

〈찌지직〉

　그자의 자루가 소리를 내며 찢어졌다. 그자의 알
곡들이 후두둑 후두둑 쏟아져 내렸다. 그 소리가
마치 내 자루가 찢어지는 듯한 통증을 느끼게 했다.
그자의 알곡들이 사방으로 흩어진 후에야 내가 저
지른 상황이 눈에 들어왔다. 나는 바닥을 긁으며 그
러모았지만, 그자의 알곡들은 손가락 사이로 빠르
게 사라졌다.

　잠시 후 그자는 떨고 있는 나를 잡아 일으켰다.
손에 묻은 먼지를 털어주었다. 그리
고 내게 자신의 자루에 남은 마지막 알
곡마저 긁어 미소 한 알, 다정한 목소리 한
알, 그리고 놀라게 만든 미안한 마음 한 방울을
내 손에 쥐여 주고 멀어졌다.

　내가 왜 죄책감을 느껴야 하는지 모르겠다. 심지

어 나는 그자에게 다가오지 말라고 누누이 말하지 않았던가? 바보같이 계속 내게 다가와 결국 그렇게 찢겨버렸잖은가? 내가 어떤 사람인 줄 알고! 어떻게 그리 무모한지…

'지금 그는 뭘 하고 있을까? 날 원망하고 있을까?'

벌써 며칠 동안 그를 보지 못했다. 이번엔 내가 얼굴이라도 한번 볼까 싶어 틈만 나면 주변을 두리번거리며 다녔음에도. 어디에도 그는 보이지 않았다. 그가 시야에서 아주 사라졌음에도 생각은 옅어지지 않았다. 오히려 점점 더 그를 생각하더니 이젠 머릿속이 온통 그로 가득 차 그의 생각을 도무지 멈출 수 없는 지경이 되어 버렸다. 결국, 나는 그에게 사과 한 톨이라도 전해야 이 상황이 멈출 거라 결론지었다.

그를 교외 작은 집에서 찾았다. 땅에 콩을 심고 기르고 있었다. 그의 자루는 텅 빈 채였지만, 어쩐지 초라해 보이지 않았다.

그를 만나면 자루의 안부를 묻는 운 한 수저를 뜨는 것으로 시작하려 했다. 그러나 그와 눈이 마주치자 그를 힘껏 안는 것 말곤 할 수 있는 게 없었다. 곧이어 내 자루 모든 알곡이 그의 자루로 후루룩 넘어가는 것이 느껴졌다.

그래, 나는 곧 거지가 되겠지. 하지만 그래도 괜찮을 것 같았다. 이게 모두 그의 계략이라면 이렇게 당할 운명인가 보다며 그래도 그를 위로할 수만 있다면 그걸로 족할 수 있을 것 같았다. 우리는 서로 한참을 안고 있었다.

이쯤에서 이 이야기를 시작한 이유를 말해야겠다. 자루의 놀라운 기능에 대해 말이다.

그를 다시 만난 이날 나는 분명 자루를 남김없이

다 부어줬었다. 그런데도 다시 확인을 했을 때, 그도 나도 자루가 가득 차 있었다. 어떻게 이런 일이 일어나지?

이렇게 놀라운 자루 활용법을 여태 알지 못했을까? 너무 신기해서 실험 삼아 농담 한 뭉치를 그에게 건네봤다. 그러자 내 자루는 조금도 비지 않고 그도 나도 그만큼 더 차 넘치는 걸 똑똑히 보았다. '이게 대체 무슨 일이지?' 하며 깜짝 놀라 몇 번이고 다시 해봤다. 하지만 그와 함께하는 모든 것은 자루를 가득가득 채우다 못해 넘치고 있었다.

이런 신기한 기능에 눈 뜬 이후부터는 사람들에게 알곡을 마음껏 나눠 주고 있다. 놀랍게도 자루는 언제나 가득이다.

물론 때때로 유난히 피곤한 하루를 보내는 날은 자루가 쑥 비워질 때도 있지만, 그의 손이라도 잡으면 금방 자루를 채울 수 있으니… 참으로 신기할 따름이다.

자루의 신기한 기능을 나처럼 모르고 있었다면 내가 공유하는 글을 잘 읽어 주길 바란다. 그리고 너희도 자루의 신기한 기능을 알고 있다면 공유 좀 부탁해.